LES POSSESSIONS

CHARTRES DE CHÂTEAUX

AU PAYS D'AUGE

Saint-Martin-aux-Chartrains, Englesqueville,
Saint-Julien et les Aulthieux-sur-Calosne,
Bonneville-sur-Touques, Roncheville et le Fief des
Parcs-Fontaines.

Par LE Cte HENRY LE COURT

Président de la Société historique de Lisieux
Membre de la Société archéologique d'Eure-et-Loir etc.

VANNES

IMPRIMERIE LAFOLYE, FRÈRES

—

1901

LES POSSESSIONS

ou

CHAPITRE DE CHARTRES

AU PAYS D'AUGE

Saint-Martin-aux-Chartrains, Englesqueville,
Saint-Julien et les Aulthieux-sur-Calonne,
Bonneville-sur-Touques, Roncheville et le Fief des
Parcs-Fontaines.

Par LE Cte HENRY LE COURT

Président de la Société historique de Lisieux
Membre de la Société archéologique d'Eure-et-Loir etc.

VANNES

IMPRIMERIE LAFOLYE, FRÈRES

1901

LES
POSSESSIONS DU CHAPITRE DE CHARTRES
AU PAYS D'AUGE

Saint-Martin-aux-Chartrains, Englesqueville,
Saint-Julien et les Aulthieux-sur-Calonne,
Bonneville-sur-Touques, Roncheville et le Fief des
Parcs-Fontaines.

INTRODUCTION

L'ancienne province de Normandie était autrefois partagée en sept diocèses d'inégale grandeur dont il devient déjà, depuis un siècle seulement qu'ils ont cessé d'exister, bien difficile d'apprécier et les limites exactes et l'étendue.

Non seulement les divisions ecclésiastiques se trouvaient constamment enchevêtrées les unes dans les autres au moyen d'enclaves — ce qu'on appelait alors des exemptions — très souvent extrêmement voisines des villes épiscopales, dont certaines paroisses appartenaient même à d'autres diocèses, mais encore des diocèses étrangers à la province, des chapitres, des abbayes y possédaient, avec le droit exclusif de nommer à certaines cures, de très importantes possessions territoriales, sinon des paroisses tout entières.

Tels étaient notamment le chapitre de l'église collégiale de Cléry, l'abbaye de Fécamp et le chapitre de l'église cathédrale de Chartres.

Ce dernier possédait diverses paroisses et leur patronage dans les trois anciens diocèses de la haute Normandie, Rouen, Evreux et Lisieux.

C'est seulement des possessions du chapitre de Chartres dans ce dernier diocèse que nous allons nous occuper ici, l'histoire des paroisses de Hauville et de Vraiville, étrangères au pays d'Auge, ne rentrant pas dans le cadre de cette étude.

Disons dès maintenant que les paroisses lexoviennes qui figuraient dans ce qu'on appelait alors « la Prévosté de Normandie de l'église cathédrale de Chartres », peuvent se diviser en deux classes :

D'abord, les paroisses dont le chapitre a conservé le patronage jusqu'à la Révolution, sont :

Saint-Martin-aux-Chartrains.

Englesqueville.

Et Saint-Julien sur Calonne.

A ces possessions il convient d'ajouter le fief des Parcs-Fontaines.

Puis celles dont, par des causes inconnues, ce patronage lui a échappé à diverses époques, savoir :

Roncheville.

Bonneville sur Touques.

Saint-Pierre et Saint-Nicolas des Aulthieux.

Par suite, ces deux classes de possessions nous intéressent à des degrés différents.

De celles de la première catégorie nous ferons l'histoire aussi complète que possible et nous parlerons beaucoup plus succinctement des autres.

Il nous reste à solliciter, pour les pages qui vont suivre, et la bienveillance des lecteurs chartrains, si curieux, à juste titre, des antiquités de leur illustre église, parce que nous écrivons l'histoire de ses anciennes possessions, et aussi l'attention de nos compatriotes, car cette histoire est aussi celle du vieux sol normand.

CHAPITRE Iᵉʳ

ORIGINE ET DURÉE DES POSSESSIONS CHARTRAINES
EN NORMANDIE

C'est dans la munificence des conquérants de la Normandie qu'il convient de rechercher l'origine des possessions du chapitre de Chartres en leur province.

Cette donation, dont nous avons le texte latin sous les yeux [1], fut faite « à la bienheureuse Marie de Chartres » par Richard II le Bon, arrière petit-fils de Rollon et aïeul de Guillaume le Conquérant, en l'an 1014 ; le donateur prend dans cet acte le titre de « marquis de Normandie « Marchio Normanniæ ».

Outre les deux paroisses de Hauville et de Vraiville, le texte ne désigne que Roncheville, Bonneville, Englesqueville, Saint-Julien et les deux paroisses des Aulthieux.

On devrait donc s'étonner à juste titre de ne pas voir figurer dans cette énonciation Saint-Martin-aux-Chartrains, si on ne savait que cette paroisse n'existait pas encore à cette époque.

Elle fut, en effet, dans le courant du XII siècle, démembrée du territoire de Roncheville qui était alors un lieu très important et le centre administratif et judiciaire de toute la contrée, de l'ancien pays d'Auge [2].

Singulier retour des choses de ce monde ! Actuellement

(1) *Archives de Lierremont*, extrait mss. d'un papier terrier collationné du grand Prévôt de Chartres, et de Caumont : *Statistique monumentale du Calvados*, IV, P. 266.

(2) En effet, une carte dressée par la Société des antiquaires de Normandie pour servir à la lecture des grands rôles de l'Echiquier (vers 1100) ne mentionne pas Saint-Martin aux Chartrains.

Roncheville n'est même plus une commune, son église même a disparu. Ce n'est plus qu'un chétif hameau dont chaque année voit disparaître une maison — un hameau de la commune de Saint-Martin-aux-Chartrains !

Nous n'entreprendrons pas ici de donner la liste des Prévôts de Normandie en la cathédrale de Chartres qui étaient seigneurs temporels et en même temps patrons des diverses paroisses qui nous intéressent : ce fait appartient trop à l'histoire chartraine pour trouver place dans cette notice ; nous n'entrerons point davantage dans le détail des mille et une contestations qu'eurent nécessairement à subir dans les paroisses conservées jusqu'à la Révolution les privilèges du chapitre.

Disons seulement qu'en 1789, le grand Prévôt de Normandie appartenait à la noble et ancienne famille des Jubert et prenait, dans les aveux qu'il recevait pour les terres chartraines les titres suivants : « Haut et puissant « seigneur messire Bernard-Marie-Gabriel Jubert de Bou- « ville, prêtre, docteur en théologie de la maison royale « de Navarre, chanoine honoraire et Prevost de Norman- « die en l'église cathédralle de Chartres, vicaire général « de ce diocese, prieur des prieurés de Rupt et de Nantes, « abbé commandataire de l'abbaye de Massey, comman- « deur ecclésiastique de l'ordre royal et militaire de « N.-D. du Mont-Carmel et de Saint-Lazare de Jérusalem, « seigneur des paroisses de Saint-Martin-aux-Chartrains, « d'Englesqueville, Hauville, Vraiville, la Berthenoue, « Massey, Saint-Julien et les Aulthieux sur Calonne, fief « des Parcs-Fontaines et autres lieux (1). »

(1) Aveu de la seigneurie de Saint-Martin, 17 février 1783. Original en parchemin, *Archives de Lierremont*.

La famille normande des Jubert remonte à Adrien Jubert, grand-maître des forêts de France, qui vivait en 1200 : elle est éteinte en

On voit qu'à cette époque il n'était plus question de Bonneville et de Roncheville; les deux paroisses des Aulthieux qui sont mentionnées dans cet intitulé n'appartenaient pourtant plus au chapitre; quant au fief des Parcs-Fontaines, il en sera question plus loin.

CHAPITRE II

PAROISSES ET TERRES POSSÉDÉES PAR LE CHAPITRE JUSQU'A LA RÉVOLUTION

I. — Saint-Martin-aux-Chartrains.

Lorsque, se dirigeant vers Trouville, par la route ou par le chemin de fer, on a quitté Pont-l'Evêque, on aperçoit à droite, à 6 kil. environ de cette ville, à mi-côte, et en avant des vertes frondaisons de la forêt de Tarques, une église avec sa petite flèche de bois recouverte d'ardoises.

C'est l'église de Saint-Martin-aux-Chartrains (1). Son presbytère et quelques maisons l'entourent, mais le centre principal de la commune est au sud-ouest, vers la vallée, à la rencontre des routes de Trouville et de Beaumont-en-Auge, au hameau du Douet de la Taille (2).

En avant de l'église, tout près du chemin de fer, se voit le château de Toutlaville dont nous parlerons plus loin.

Aucun fait d'histoire générale n'a mis en relief la pa-

ligne masculine et a donné un grand nombre de branches : armes *Écartelé aux 1 et 4 d'azur à la croix alésée d'or, aux 2 et 3 d'azur à 3 fers de lance mis en pal d'argent 3 et 2 la pointe en bas (Archives de Lierremont).*

(1) Autrefois paroisse de la généralité de Rouen, élection de Pont-l'Evêque, sergenterie d'Aragon, archidiaconé de Pont-Audemer et doyenné de Touques, 51 feux ; actuellement commune, canton et arrondissement de Pont-l'Evêque, 270 habitants.

(2) Ainsi nommé du ruisseau qui le traverse pour se jeter dans la Touques à l'ancienne propriété de la famille de la Taille.

roisse de Saint-Martin ; sa vie paraît avoir été celle de toutes les paroisses rurales normandes depuis le moyen-âge ; procès avec les seigneurs, discussions pour les dixmes, etc.

Quant à ses curés, grâce aux travaux de l'abbé Piel (1), dont l'érudition normande déplore la perte récente, nous en possédons la liste depuis la fin du XVII° siècle, et là encore n'apparaît aucun nom connu, sauf peut-être celui de M° Jean-François de Lannoy des Barres, d'une famille notable du pays d'Auge ; il résigna sa cure le 17 août 1764 (2).

Après lui, cette cure fut successivement occupée par MM. Vasse oncle et neveu qui vivaient encore en 1791 et refusèrent à l'envi le serment schismatique (3).

Depuis quelques années Saint-Martin, privé de desservant, est réuni pour le culte à Canapville sa voisine.

Outre sa seigneurie qui appartenait au grand prévôt de Chartres, la paroisse possédait une terre noble, celle de Toutlaville, dont le chef-lieu, un joli manoir en brique et silex noir, malheureusement gâté par des réparations modernes, se voit encore au sud de l'église.

Cette terre assez importante était au XVII° siècle aux mains de l'antique race normande des Marguerye, originaire de la Basse-Normandie et alliée dans une de ses branches à la famille de Jeanne d'Arc (4).

Le 8 mai 1633, devant les tabellions d'Honfleur, Guillaume Marguerye, Esc., s° de Saint-Gilles et de Toutlaville, vendit ce fief — un demi-fief de chevalier avec basse jus-

(1) Auteur de l'analyse des *Insinuations de l'ancien diocèse de Lisieux*, 5 vol. in-8° très précieux pour l'histoire locale.

(2) Famille notable du pays d'Auge, connue depuis Benoist 1er, anobli en 1467, seigneur de Criqueville, Bois-Louvet, aux armes : *d'argent à 3 fasces de gueules. (Archives de Lierremont).*

(3) *Insinuations de Lisieux*, passim.

(4) Jean de Marguerye, dit l'auteur connu de cette famille, vivait en 1004 ; armes : *d'azur à 3 marguerites de pré d'argent 2 et 1.*

ÉGLISE DE SAINT-MARTIN-AUX-CHARTRAINS

tice, regard de mariage, etc. — à M⁰ Thomas Blanvillain,
sⁱ de la Forière, bourgeois d'Honfleur et conseiller au
gouvernement de cette ville, moyennant 14000 livres (1).

L'acquéreur, qui prit alors le titre de sieur de Toutlaville, fut anobli par lettres de juin 1648 ; un siècle après,
le 4 avril 1748, les héritiers de sa petite-fille, Mᵐᵉ Vaul-
tier de Vaulaville, vendirent cette terre à M. Chauffer de
Lépiney ; la postérité de ce dernier l'a conservée presque
jusqu'à ces dernières années et elle est actuellement la
propriété du célèbre peintre Gérôme (2).

Dans l'église de la paroisse se voient encore, maladroi-
tement défigurées par une peinture fantaisiste, les ar-
moiries de la famille de Blanvillain.

Cette église, réparée il y a quelques années, n'offre rien
de remarquable ; elle a été décrite par M. de Caumont
dans sa statistique monumentale du Calvados (3).

II. — Englesqueville

Au revers de la colline que domine Saint-Martin, au
fond du vallon formé par un ruisseau qui sort de la forêt
de Touques, se trouve l'église d'Englesqueville ; elle
occupe à peu près le centre de la paroisse de ce nom (4).

Englesqueville forme un hémicycle adossé à la forêt
et dont la base regarde Canapville à l'ouest.

Son histoire est aussi peu intéressante que celle de sa

(1) Il avait épousé Marie Gymer. Il reçut pour armes : *de gueules
à 3 javelots d'argent mal ordonnés (Archives de Lierremont).*

(2) *Ibid.* C'est Mᵐᵉ de Boishebert, née Chauffer de Saint-Martin,
qui a vendu Toutlaville.

(3) T. IV, p. 267.

(4) Autrefois paroisse de la généralité de Rouen, élection de Pont-
l'Evêque, sergenterie d'Aragon, archidiaconé de Pont-Audemer et
doyenné de Touques, 50 feux, actuellement commune du canton et
de l'arrondissement de Pont-l'Evêque, 187 habitants.

voisine ; ses curés nous sont également connus depuis le XVIII⁰ siècle.

Le dernier, M⁰ Victor-Hyacinthe-Aimé Le Cordier, nommé le 28 octobre 1747, appartenait à une noble famille du pays d'Auge que nous retrouverons plus loin ; il refusa le serment constitutionnel, émigra, reprit sa cure en 1802 et y mourut quelques années après.

Pendant son exil, on trouve comme faisant à Englesqueville les fonctions de curé, M⁰ Pierre-Gabriel-François Le Court, curé de Trouville-sur-Mer (1).

Depuis quelques années la paroisse est réunie pour le culte à Bonneville-sur-Touques.

L'église n'offre rien de remarquable ; comme toutes ses voisines, elle a un clocher recouvert d'ardoises ; elle est placée sous l'invocation de saint Taurin.

Au sud-ouest se trouve une ancienne habitation qui a conservé le nom de manoir d'Englesqueville et dont les propriétaires portaient le nom de la paroisse et la qualité de seigneurs d'Englesqueville, malgré le patronage du grand prévôt de Chartres.

En 1540, Charles et Jean des Scelliers, esc. sⁿ d'Englesqueville, firent vérifier leur noblesse par les élus de Lisieux : leur aïeul, Charles, avait été anobli par lettres de janvier 1544 (2).

Au siècle suivant, le dernier seigneur de cette maison, Charles des Scelliers, épousait par contrat du 24 avril 1608, Catherine de Brévédent, d'une ancienne maison normande (3) et leur fille unique, Anne des Scelliers, porta la terre d'Englesqueville à Pierre Iᵉʳ de Courcy, son mari, de-

----

(1) Né à Touques en 1760, mort à Trouville en 1837. Il fut pendant la période révolutionnaire le premier maire de cette commune.

(2) Recherche de 1540, *mss. de Lierremont*.

(3) *Archives de Lierremont, généalogie de Brévédent*.

meurant à Tourville-la-Forêt, dont le père, Guillaume IX de Courcy, était fils naturel de Guillaume VIII de Courcy, escuyer, sr de Roye et de Saint-Melaine, gentilhomme ordinaire de la chambre du roi, et avait été légitimé par lettres de septembre 1567 (1).

Cette famille de Courcy a conservé ses possessions d'Englesqueville jusqu'à la Révolution ; les deux dernières du nom épousèrent MM. de Nollent-Vallois et de Sandret de Bellevue (2).

III. — Saint-Julien-sur-Calonne.

L'ancienne paroisse, actuellement commune de Saint-Julien-sur-Calonne (Sanctus Julianus super Calumpnam) est plus rapprochée que celle dont nous venons de parler de la ville de Pont-l'Evêque, car elle s'en trouve à environ 3 kilomètres (3).

Son église est située à mi-côte sur un mamelon dominant la rive gauche de la Calonne, qui, après avoir pris sa source à Fontaine-le-Louvet, département de l'Eure, traverse successivement Cormeilles, Bonneville, le Louvet et les Aulthieux, partage Saint-Julien de Surville et vient se jeter dans la Touques, derrière l'église de Pont-l'Evêque.

Une ancienne bruyère et des bois couronnent le coteau

(1) Généalogie de Courcy, archives de Lierremont. Cette famille remonte à Baudry le Teutonique vivant en 1058 ; armes : *d'azur fretté d'or de 6 pièces.*

(2) Etat-civil d'Englesqueville, minutes de Touques, archives de Lierremont. Nous possédons dans nos archives le gage-pleige de la terre d'Englesqueville (1779), de la main de M. Corneille-Vallée, notre grand-oncle, feudiste de cette seigneurie.

(3) Autrefois paroisse de l'archidiaconé de Pont-Audemer, doyenné de Touques, généralité de Rouen, élection de Pont-l'Evêque, sergenterie de Saint-Julien, actuellement commune de 285 habitants, canton et arrondissement de Pont-l'Evêque.

vers l'est ; de là on découvre, dit-on, dans le pays vingt-huit clochers ; la vue s'étend en effet de Lisieux à la mer.

Bien que peu peuplée — elle renfermait avant la Révolution seulement 52 feux — la paroisse de Saint-Julien avait jadis une certaine importance, elle était le chef-lieu d'une sergenterie renfermant neuf paroisses ; une foire de trois jours très fréquentée s'y tenait à la Sainte-Anne, fête patronale, et cette assemblée n'a pris fin que vers le milieu du XIX⁰ siècle.

L'église appartenant à la période ogivale est assez vaste : elle comprend une nef, et le chœur accompagné de deux chapelles, celle de gauche formant la base d'une tour massive en pierres assez élevée et terminée par une pyramide d'ardoises très élégante.

Ce monument religieux, réparé avec goût par un des anciens curés (1), est un des plus intéressants des environs : une vitre gothique apportée de la chapelle du manoir voisin dont nous parlerons plus loin, surmonte la porte d'entrée ; des verrières modernes, mais d'un goût parfait, garnissent les fenêtres (2) ; trois belles cloches meublent le beffroi de la tour.

Dans le chœur se voient une curieuse inscription et deux tombes de membres de la famille Le Cordier.

A quelques centaines de mètres de l'église de Saint-Julien apparaît, enclose dans une propriété privée, l'ancienne église de Launey-sur-Calonne, commune partagée en 1830, entre Pont-l'Évêque et Saint-Julien : elle renferme de très curieux tombeaux des Vipart, anciens seigneurs de la paroisse.

1 M. l'abbé Le Bœuf, de 1845 à 1874. On lui doit également la sonnerie posée quelques mois avant sa mort ; déjà très souffrant, il avait annoncé que les cloches sonneraient bientôt pour son inhumation.

(2) Sur une de ses verrières est représenté le Dʳ Billon de Lisieux, auteur de remarquables travaux sur la campanologie.

Les deux premiers curés que nous trouvons à Saint-Julien de 1701 à 1753, appartiennent à une famille notable de Pont-l'Evêque issue par les femmes de la famille plus ancienne encore des Gamare (1).

Le 29 décembre 1701, M⁰ Jacques Le Bailly, prêtre chapelain, et confesseur de la maison de Sorbonne à Paris, prenait possession de la cure de Saint-Julien; il eut pour vicaire, pendant plusieurs années, son neveu, M⁰ Zacharie Le Bailly qui lui succéda et passa ensuite à la cure de Beaufour (2).

« En l'année 1765, nous dit un ancien mémoire, M. Dailly, curé de Saint-Julien, fut enfermé par lettre de cachet au Château-Thierry, en Champagne, où il est passé de vie à décès le mois de décembre de l'année 1785 (3). »

Nous ignorons si cet internement avait pour cause le jansénisme, très vivement combattu, nous le savons, par l'évêque de Lisieux d'alors, Mgr de Condorcet, ou bien des dissensions avec les patrons honoraires de la paroisse.

Quoi qu'il en soit, à peine M. Daunou, le nouveau curé, avait-il pris possession que le Cte de Sennecterre et M. Fouet de Cremanville, seigneur au droit de la famille de Saint-Pierre, du manoir de Saint-Julien et de ses dépendances, et se prétendant à ce titre patrons honoraires de la paroisse, firent sommation au curé d'avoir à les recommander aux prières à la messe paroissiale; M. de Cremanville fit de plus placer dans le chœur un banc seigneurial; il

1. Avant 1641, M⁰ Abraham Le Bailly, bourgeois de Pont-l'Evêque, avait épousé Anne Gamare, fille de M⁰ Gilles, sr de la Rosière, conseiller du roi à Pont-l'Evêque, issu de M⁰ Guillaume Ier Gamare, chirurgien en cette ville, vivant en 1443 (*Archives de Lierremont*).

(2) *Insinuation de Lisieux*, pass.

(3) *Archives de Lierremont*. Titres de la seigneurie de Saint-Julien

s'en suivit une procédure qui était encore pendante lors de la Révolution (1).

M. Daunou basait son refus sur le titre de 1014 et ajoutait que jamais les seigneurs de Saint-Julien où se prétendant tels, n'avaient eu de banc dans le chœur, et n'y avaient fait peindre de litre ou ceinture funèbre, mais seulement dans la nef.

Ayant prêté serment avec des restrictions qui ne furent pas admises, M. Daunou fut destitué : il reprit sa cure en 1802 et y mourut en 1818.

La paroisse de Saint-Julien était autrefois la demeure de très nombreuses familles notables qui possédaient sur son territoire, assez étendu du reste, d'importantes propriétés.

La recherche de 1540 nous fait connaître les trois frères Eudes, seigneurs de la paroisse voisine de Tourville-la-Forêt, dont la mère devait appartenir à la famille de Saint-Pierre, et aussi Antoine de Saint-Pierre, esc. (2).

Cette famille de Saint-Pierre qui possédait alors les terres seigneuriales des Aulthieux-sur-Calonne, de Norolles et de Mailloc à Bonneville-le-Louvet, avait à Saint-Julien un fief très important dont le manoir existe encore entre l'église et la bruyère et dont la chapelle n'a été démolie qu'après 1850.

A la fin du XVIIIe siècle, cette terre dont les possesseurs se prétendirent, nous l'avons vu, patrons honoraires de la paroisse, au mépris des droits du chapitre chartrain, était divisée en deux portions qui passèrent successivement de 1773 à 1780 aux mains « de messire Charles-

---

(1) *Ibid.* Nous possédons de très curieuses consultations d'avocats du temps sur la question du privilège des seigneurs, de la franche aumône de la paroisse de Saint-Julien rattachée à la cure, etc.

(2) Recherche de 1540, *Archives de Lierremont*, ms.

François Fouet de Crémanville, conseiller auditeur honoraire en la cour des comptes, aydes et finances de Normandie » qui prit alors le titre de « seul seigneur et patron honoraire de Saint-Julien-sur-Calonne et seigneur de Maloisel (1) », et dont nous avons vu les démêlés pour le patronage de la cure.

M. de Crémanville n'eut qu'une fille qui porta la terre de Saint-Julien à la famille Le Goueslier d'Argence, dont le nom s'est éteint à la fin du XIXe siècle (2).

Mais depuis 1850, cette famille ne possédait plus Saint-Julien : ses derniers membres reposent dans un cimetière particulier à quelques pas de l'église paroissiale (3).

Après les de Saint-Pierre, voici la famille Le Cordier qui n'a jamais prétendu à une ancienne prérogative patronale, mais qui possédait à Saint-Julien de très nombreuses terres, le Perrey, la Porte, Maloisel et Petagny et dont les membres ont porté les noms de tous ces manoirs.

La paroisse parait avoir été le berceau des Le Cordier qui occupèrent de très notables charges de magistrature à Pont l'Evêque et dont une branche, celle de Maloisel, reçut la noblesse à la fin du XVIe siècle (1597) ; la sergen-

(1) *Archives de Lierremont*, titre de Saint-Julien.

(2) La famille Le Goueslier d'Argence, originaire du pays d'Auge, a possédé notamment la terre de Val d'Or à Bonnebosq ; au XVIe siècle elle s'est alliée à la famille de Beaumouchel, issue par les Postel de la maison de Courtenay, du sang royal de France. (Voir *Archives de Lierremont* et la brochure : *Nobles ou vivant noblement à Pont-l'Evêque en 1742*, in-8°. Pass.)

(3) M. Théodose Le Goueslier d'Argence, colonel d'infanterie, un des derniers membres de la famille, a vendu cette terre à M. Chrétien, alors notaire à Pont-l'Evêque, mort en 1880 ; et elle appartient actuellement à M. Desportes, son petit-neveu, juge suppléant à Lisieux, dont le père, M. Jules Desportes avait succédé à son oncle, et chez lequel nous avons fait nos premières études notariales ; nous sommes heureux de rappeler ici ces bons souvenirs.

terie noble de Saint-Julien appartenait au siècle suivant à un de ses membres.

En 1615, vit le jour à Saint-Julien Mr Helye Le Cordier, médecin à Pont-l'Evêque, auteur du célèbre poëme : *Le Pont-l'Evêque*, dédié à Mlle de Montpensier et dont la rareté bibliographique fait maintenant le principal mérite.

Nous retrouverons du reste aux Aulthieux cette famille Le Cordier (1).

Mentionnons encore la famille Pellerin dont la principale habitation était la paroisse de Manneville-la-Pipart, dont ses membres étaient seigneurs, et où elle possédait la terre de Noirval, et la famille Domin à une branche de laquelle appartenait la mère du constituant Thouret (2).

Telle est l'histoire succincte de cette paroisse à laquelle se rattachent pour nous de bien chers souvenirs d'enfance et de jeunesse (3).

IV. — Fief des Parcs-Fontaines.

Outre les trois paroisses dont nous venons de retracer sommairement l'histoire, le chapitre de Chartres possédait encore et paraît avoir conservé jusqu'à la Révolution le fief des Parcs-Fontaines; il figure en effet, ainsi que nous l'avons vu, parmi les possessions du dernier grand prévôt (4).

Mais nous ignorons comment le chapitre en était devenu propriétaire, car il ne figure pas dans le titre de 1014.

(1) Toutes ces notes sont tirées de la généalogie de la famille Le Cordier dressée par nous, à la demande d'un descendant de cette famille et non encore publiée ; nous la conservons dans nos archives.

La branche anoblie portait pour armes : *d'azur au chevron d'or accompagné de 3 étoiles de même, 2 et 1.*

(2) Généalogies Pellerin, Domin et Thouret (*Archives de Lierremont*).

(3) Notre famille a possédé de 1856 à 1896, une petite propriété à Saint-Julien où nous passions l'été avec nos parents.

(4) Voir, p. 4.

Nous savons seulement que ce fief était situé dans l'ancienne paroisse des Parcs-Fontaines formant actuellement une seule commune sous le nom de Fierville-les-Parcs avec Fierville sa voisine (1).

Dans nos archives figurent deux aveux rendus au grand prévôt pour « son noble fief des des Parcs-Fontaines », l'un de Jehan Boisbluche le 24 mai 1642 et l'autre de Toussaint Bernière le 22 juin 1728 (2).

Mais jamais la possession de ce fief, de quelque importance qu'il fût, n'entraîna au profit du chapitre le patronage de la paroisse où il se trouvait ; dès le XIV° siècle, en effet, ce patronage appartenait au seigneur laïque, Jehan Leudet (3) et ses successeurs l'ont toujours conservé, sans aucun trouble de la part du grand prévôt, jusqu'à la Révolution.

CHAPITRE III

PAROISSES PERDUES PAR LE CHAPITRE DE CHARTRES

I. — Roncheville.

C'était là, nous l'avons vu, le lieu le plus important, au moins comme centre administratif et judiciaire, du pays d'Auge au moyen-âge.

Bien que Roncheville figure en première ligne dans la

(1) Sparsi-fontes, autrefois paroisse de l'élection de Lisieux, généralité d'Alençon, sergenterie de Moyaux, archidiaconé de Pont-l'Évêque doyenné de Touques, 20 feux, actuellement Fierville-les-Parcs, canton de Blangy, 170 habitants.

(2) *Archives de Lierremont.*

(3) Cette famille existe encore en de nombreuses branches, à Blangy, Rouen, Paris, etc. : les familles Ollivier, Le Court, Bordeaux, etc., en descendent en ligne féminine. De nos jours M. Léon Leudet possède la terre de Trianon à Saint-Benoît d'Hébertot (Voir Gén Leudet, *Archives de Lierremont*)

donation de 1014, nous ne pensons pas que le chapitre de Chartres y ait longtemps maintenu sa possession.

Dès 1060, en effet, nous trouvons en cette paroisse de puissants seigneurs, les Bertrand, barons de Briquebec et de Roncheville ; en cette année même Robert Ier. Bertrand et Suzanne sa femme fondent, à une lieue de là, le célèbre prieuré devenu au XVIIIe siècle, l'École militaire de Beaumont-en-Auge (1).

Petit-fils de Toustain de Bastembourg, Ier seigneur et châtelain de Montfort-sur-Risle, issu lui-même au second degré de Hrolf Turstan, vivant en 920, et de Gerlotte de Blois, petite-fille de Robert le Fort, duc de France, Robert Bertrand, de même que Rollon, le conquérant de la Normandie, comptait parmi ses ancêtres ces terribles rois de mer dont l'apparition dans leurs frêles esquifs, avait jadis fait verser des larmes au vieux Charlemagne (2).

On comprend parfaitement que le premier baron de Normandie — c'était là le titre de Bertrand — supportât difficilement l'ingérance d'un chapitre étranger dans les affaires spirituelles du chef-lieu même de sa baronnie.

Aussi pensons-nous, sans en avoir pourtant la certitude matérielle, qu'un compromis dut très vite intervenir entre le seigneur et les chanoines de Chartres, compromis qui eut pour effet la cession de la partie haute de la paroisse de Roncheville, où le chapitre édifia l'église actuelle de Saint-Martin — *Sanctus Martinus apud Carnotenses* — en re-

---

(1) Généalogie des familles issues des Rois de mer, familles Bertrand et de Montfort. (*Archives de Lierremont*.

Nous possédons dans notre bibliothèque la charte d'érection en 1742 de l'École militaire de Beaumont où sont relatées les chartes de fondation.

(2) Généalogie Bertrand, *Archives de Lierremont*, le père d'Hrolf, Turstan Hrollager, était frère naturel de Rollon.

nonçant ainsi à ses droits sur la partie basse, chef-lieu de l'agglomération principale d'alors.

Quoi qu'il en soit, pendant tout le XVIIIe siècle, le duc d'Orléans au droit des barons de Roncheville présentait à la cure.

Roncheville, réunie à Saint-Martin en 1828, comptait en dernier lieu 37 feux ; au siècle dernier, ses pêcheries et le service de bateaux plats — les gabarres — qui se faisait sur la Touques, peut-être jusqu'au Breuil, au moins jusqu'à Pont-l'Évêque, lui donnaient une certaine importance ; à la fin du XVIIIe siècle il y avait encore « un gabarrier en chef de la paroisse de Roncheville (1). »

Au commencement du même siècle, Roncheville avait vu naître le célèbre graveur Bacheley, auteur de vues de Rouen fort estimées (2).

II. — Bonneville sur Touques.

Voici une paroisse dont le nom a souvent retenti dans les récits guerriers de la province Normande, grâce à son antique château, dont les ruines splendides subsistent encore et qu'on nommait aussi le « chastel de Touques », théâtre, assure-t-on même, et du serment d'Harold et de l'assemblée où fut décidée par le Conquérant l'invasion de l'Angleterre (3).

(1) Etat civil de Clarbec, *Archives de Lierremont.*

(2) Jacques V Bacheley, né en 1712 de Robert III Bacheley, mercier à Roncheville, et de Marguerite Fosse : il mourut en 1781 (*Généalogie Bacheley, Archives de Lierremont*). Certains biographes le font naître à Beaumont en Auge, d'autres à Beaumont le Roger.

(3) Autrefois paroisse de la généralité de Rouen, élection de Pont-l'Évêque, sergenterie de Bonneville, archidiaconé de Pont-Audemer, doyenné de Touques, 81 feux, actuellement commune du canton de Pont-l'Évêque de 387 hab.

Bonneville (Bonavilla) figure dans la liste des paroisses données en 1014 à Notre-Dame de Chartres.

Mais, dans la suite des temps, le patronage de cette paroisse fut contesté au chapitre de Chartres par celui de la collégiale de Cléry et le procès se termina en 1512 en faveur de ce dernier par un arrêt de l'Echiquier de Normandie (1).

Placée sous l'invocation de saint Germain, l'église de Bonneville, un peu au-dessus des ruines du château-fort, domine le bourg de Touques dont elle est distante de 1500 mètres environ ; elle est précédée d'une flèche d'ardoise et ne présente aucun caractère intéressant.

La paroisse, ancien chef-lieu de la sergenterie de Bonneville, renfermait plusieurs fiefs dont les seigneurs n'avaient pas le patronage de l'église.

En 1540, nous y trouvons Jean et Jacques du Mesnil, esc. de la famille des seigneurs de Lepiney et de Saint-Germain à Saint-Thomas de Tourques, du Coudray, et de la Caouyère, descendus de Jean du Mesnil, esc. vivant en 1406 (2) ; et aussi Alexis, Elie, Jean et Charles Mauvoisin esc. tous issus de Richard, vivant en 1360, et qui appartenaient à une antique race normande (3).

Au siècle suivant, les du Mesnil étaient représentés à titre successif par les Fresnel que remplacèrent par acquêt les Coquet, qui ont possédé pendant le XVIIIe siècle la principale seigneurie à laquelle ils avaient donné le nom d'une autre de leurs possessions, celui de Tolleville ; une chapelle, actuellement détruite, attenait à ce manoir (4).

Aux XVIIe et XVIIIe siècles on trouve aussi à Bonne-

<hr>

(1) Bibl. nat. fonds latin, reg. n° 2232.

(2) Recherches de 1540, *mss. de Lierremont.*

(3) *Archives de Lierremont,* Gén. Mauvoisin.

(4) *Etudes d'histoire normande,* Lisieux, 1901. Pass.

ville des branches de deux anciennes familles de la contrée, les Carrel qui possédaient à Touques la terre de
Meautrix et les de Nollent-Tancarville, seigneurs et patrons des paroisses de Trouville-sur-Mer et d'Hebervtot (1).

III. — Saint-Pierre et Saint-Nicolas des Aulthieux.

Nous voici arrivés aux dernières pages de cette étude,
à la dernière possession temporaire du chapitre de
Chartres en Normandie.

La donation de 1014 ne nomme pas expressément dans
son texte les deux paroisses des Aulthieux (Ecclesiæ
de Altaribus) : elle les désigne sous le nom des deux
membres dépendant de celle de Saint-Julien «... Et Eccle-
siam de Sancto-Juliano, cum duobus membris appenden-
tibus. »

Nous ignorons absolument à quelle époque et dans
quelles circonstances l'église de Chartres perdit son
patronage aux Aulthieux. Voici seulement ce que nous
savons.

Le 30 avril 1708, les *Insinuations de Lisieux* (2) nous
montrent Jacques Vipart, chevalier seigneur et marquis
de Silly, seigneur et patron des Aulthieux, nommant sans
trouble à la cure de Saint-Pierre ; le même fait se renou-
velle le 9 octobre 1737, pour la cure de Saint-Nicolas pour
sa fille, Marie-Anne Vipart, marquise de Silly (3).

Mais le 17 août 1726, la cure de Saint-Pierre étant de
devenue vacante, messire Jean-François Faure de Berlize,

---

(1) État civil de Bonneville, *Archives de Lierremont.* Armes des Carrel : *d'hermines à 3 carreaux d'azur 2 et 1 ;* armes de Nollent : *d'argent à
la fleur de lys de gueules en cœur accompagnée de 3 roses de même 2 et 1.*

(2) *Insinuations,* I, p. 727.

(3) *Ibid,* E, II, p. 403.

prévôt de Normandie en l'église Notre-Dame des Chartres, y nomme M⁰ David Delle, prêtre du diocèse de Lisieux, qui en prit possession.

Le 1ᵉʳ octobre suivant, le marquis de Silly nomma à son tour à la même cure M⁰ Jacques Rabot, vicaire de Saint-Philbert-des-Champs, qui prit également possession, mais fut transféré au Brevedent le 27 décembre 1727; il fut remplacé par un nouveau curé nommé par la marquise de Silly (1).

Il ne paraît pas ensuite que, jusqu'à la Révolution, le prévôt de Normandie ait renouvelé ses prétentions, car les curés suivants furent nommés par les Brancas, seigneurs temporels des deux paroisses au droit de la maison de Silly.

Les deux églises des Aulthieux (2) existent encore, l'une auprès de l'autre sur une éminence dominant le cours de la Calonne ; une seule, Saint-Pierre, est encore livrée au culte : l'autre, Saint-Nicolas, — appelée Saint-Meuf, sur la carte de Cassini — est abandonnée.

Possédée d'abord par une famille de son nom, Guillaume des Aulthieux, — Wilhelmus de Altaribus, vivait en 1195, — la terre seigneuriale des Aulthieux passe successivement dans les familles de Saint-Pierre, Vipart de Silly et de Brancas (3).

Les Aulthieux ont vu naître au moyen âge Baudouin des Aulthieux, trouvère normand qui en était en même temps seigneur (4).

(1) *Insinuations*, E, III, p. 34, 79, 87.

(2) Autrefois généralité de Rouen, élection de Pont-l'Evêque, sergenterie de Saint-Julien, archidiaconé de Pont-Audemer et doyenné de Touques. 2 feux privilégiés et 93 feux taillables actuellement, commune du canton de Blangy. 422 habitants.

(3) *Archives de Lierremont*, grand rôle de l'Echiquier de Normandie

(4) *Histoire des Trouvères normands*, par l'abbé de la Rue, III, 205.

La famille Le Cordier, dont nous avons déjà parlé, possédait sur ces paroisses la terre de la Porte, appartenant encore actuellement à ses descendants.

Parmi la postérité de cette branche de la Porte, figurent, en ligne féminine, l'abbé de Grieu, prieur de Saint-Hymer, député aux États généraux de 1789, et l'amiral Hamelin, ministre de la marine, qui a donné son nom à une rue de la ville voisine de Pont-l'Évêque (1).

Les Aulthieux étaient autrefois le chef-lieu d'un notariat dont le titulaire prenait le titre de : « tabellion pour les sièges de Pont-l'Évêque et Touques, branche des Aulthieux-sur-Calonne » (2).

(1) Généalogie de la famille Le Cordier, et des familles de Grieu, et Hamelin, *Archives de Lierremont*.

(2) Minutes de Deauville.

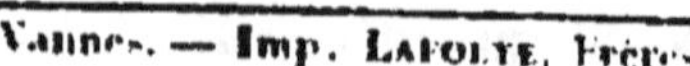

Vannes. — Imp. LAFOLYE, Frères.